yukismart.com/b/678d46

kat

cat

hond

dog

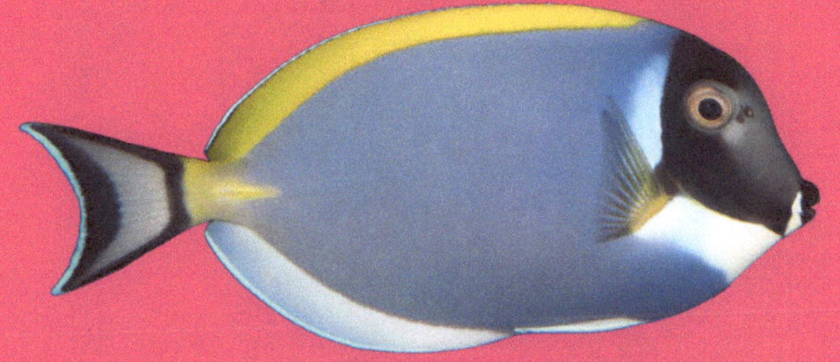

vis

fish

vogel

bird

kip

hen

haan

rooster

kuiken

chick

ei

egg

koe

cow

schaap

sheep

varken

pig

geit

goat

paard

horse

ezel

donkey

muis

mouse

konijn

rabbit

kalkoen

turkey

gans

goose

pauw

peacock

eend

duck

eendje

duckling

zwaan

swan

libel

dragonfly

vlieg

fly

mier

ant

miereneter

anteater

aardworm

earthworm

naaktslak

slug

rups

caterpillar

slak

snail

vlinder

butterfly

sprinkhaan

grasshopper

bij

bee

honing

honey

spin

spider

gras

grass

kever

beetle

mug

mosquito

schorpioen

scorpio

hagedis

lizard

schildpad

turtle

krab

crab

garnaal

shrimp

kreeft

lobster

walvis

whale

haai

shark

pijlstaartrog

stingray

dolfijn

dolphin

zee-egel

sea urchin

kwal

jellyfish

inktvis

squid

zeester

starfish

zeemeeuw

seagull

zee

sea

pelikaan

pelican

aalscholver

cormorant

schelpen

shells

zand

sand

olifant

elephant

zebra

zebra

giraffe

giraffe

slang

snake

krokodil

crocodile

leeuw

lion

tijger

tiger

nijlpaard

hippopotamus

neushoorn

rhinoceros

jachtluipaard

cheetah

kameel

camel

antilope

antelope

flamingo
flamingo

struisvogel

ostrich

ooievaar

stork

papegaai

parrot

gorilla

gorilla

aap

monkey

koala

koala

panda

panda

kangoeroe

kangaroo

egel
hedgehog

eekhoorn
squirrel

wolf
wolf

vos
fox

wasbeer

racoon

beer

bear

hert

deer

adelaar

eagle

vleermuis

bat

zwijn

boar

kraai

crow

uil

owl

specht

woodpecker

bunzing

polecat

mol

mole

bever

beaver

ijsbeer

polar bear

sneeuw

snow

pinguïn

penguin

sneeuwuil

snowy owl

bos

forest

berg

mountain

narwal

narwhal

orka

orca

walrus

walrus

zeehond

seal

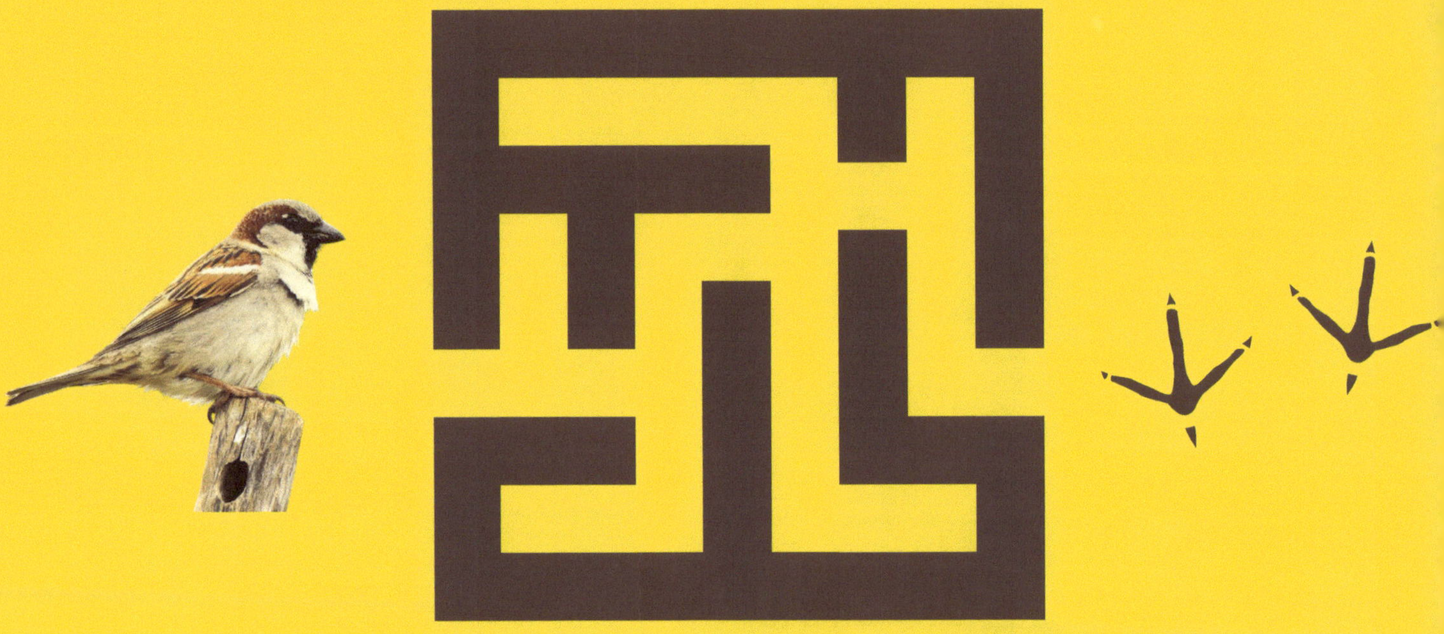

www.ingramcontent.com/pod-product-compliance
Lightning Source LLC
LaVergne TN
LVHW071632180726
843512LV00002B/295